Zhongguo Wenhua
Zhishi Duben

中国文化知识读本

哲蚌寺

主编　金开诚

编著　王泽妍

吉林出版集团有限责任公司

吉林文史出版社

图书在版编目（CIP）数据

哲蚌寺 / 王泽妍编著 .—长春：吉林出版集团有
限责任公司：吉林文史出版社，2010.5（2022.1 重印）
（中国文化知识读本）
ISBN 978-7-5463-3066-2

Ⅰ.①哲… Ⅱ.①王… Ⅲ.①哲蚌寺－简介 Ⅳ.
① K928.75

中国版本图书馆 CIP 数据核字（2010）第 097378 号

哲蚌寺

ZHE BANG SI

主编/ 金开诚　编著/王泽妍

责任编辑/曹恒　崔博华 责任校对/王新

装帧设计/曹恒　摄影/潘秋明　图片整理/董昕瑜

出版发行/吉林文史出版社 吉林出版集团有限责任公司

地址/长春市人民大街4646号　邮编/130021

电话/0431-86037503　　传真/0431-86037589

印刷/三河市金兆印刷装订有限公司

版次/2010 年 5 月第 1 版　2022 年 1 月第 3 次印刷

开本/650mm×960mm　1/16

印张/8　字数/30千

书号/ ISBN 978-7-5463-3066-2

定价/34.80元

关于《中国文化知识读本》

　　文化是一种社会现象，是人类物质文明和精神文明有机融合的产物；同时又是一种历史现象，是社会的历史沉积。当今世界，随着经济全球化进程的加快，人们也越来越重视本民族的文化。我们只有加强对本民族文化的继承和创新，才能更好地弘扬民族精神，增强民族凝聚力。历史经验告诉我们，任何一个民族要想屹立于世界民族之林，必须具有自尊、自信、自强的民族意识。文化是维系一个民族生存和发展的强大动力。一个民族的存在依赖文化，文化的解体就是一个民族的消亡。

　　随着我国综合国力的日益强大，广大民众对重塑民族自尊心和自豪感的愿望日益迫切。作为民族大家庭中的一员，将源远流长、博大精深的中国文化继承并传播给广大群众，特别是青年一代，是我们出版人义不容辞的责任。

　　《中国文化知识读本》是由吉林出版集团有限责任公司和吉林文史出版社组织国内知名专家学者编写的一套旨在传播中华五千年优秀传统文化，提高全民文化修养的大型知识读本。该书在深入挖掘和整理中华优秀传统文化成果的同时，结合社会发展，注入了时代精神。书中优美生动的文字、简明通俗的语言、图文并茂的形式，把中国文化中的物态文化、制度文化、行为文化、精神文化等知识要点全面展示给读者。点点滴滴的文化知识仿佛繁星，组成了灿烂辉煌的中国文化的天穹。

　　希望本书能为弘扬中华五千年优秀传统文化、增强各民族团结、构建社会主义和谐社会尽一份绵薄之力，也坚信我们的中华民族一定能够早日实现伟大复兴！

目录

一、培养高僧的基地..001

二、信徒朝拜的圣地..031

三、雪顿节中的哲蚌寺....................................057

四、哲蚌寺的建筑特色....................................067

一 培养高僧的基地

群楼层叠的哲蚌寺远观气势宏伟

（一）哲蚌寺的兴建

哲蚌寺，藏语意为"堆米寺"或"积米寺"，藏文全称意为"吉祥积米十方尊胜州"，坐落在拉萨西郊十公里外的格培乌孜山南坡的山坳里，为中国藏传佛教格鲁派六大寺之一。与甘丹寺、色拉寺合称拉萨三大寺。1962年哲蚌寺被列为西藏自治区重点文物保护单位，1982年被列为全国重点文物保护单位。

1409年宗喀巴大师在拉萨大昭寺成功创办了传昭大法会，同年他亲自倡建格鲁派祖寺甘丹寺，至此标志着他苦心创立的新教派格鲁派已经形成，得到全藏僧俗群众的信奉。宗喀巴在他36岁时就开始招收徒弟讲经说法，先后在各地讲授《现观庄严论》《因明》《中论》《俱舍论》等；还专门研习噶当派的教法及《菩提道炬论》等重要经论，同时系统修学萨迦派的"道果法"、噶举派的"大手印法"等各种密法。格鲁派势力日益强大，信徒与日俱增，哲蚌寺就是在这样的背景下创立起来的。1416年，宗喀巴弟子强央曲杰主持修建。建成后他任第一任堪布。强央曲杰诞生于西藏山南桑耶地区，从小勤奋好学，以后拜宗喀巴为师，专攻佛教经典，终成精通佛教显密宗经典的著名人物。为了进一步弘扬格鲁派，宗喀巴大师嘱托他建一座规模宏大的寺庙，并赠给他一件

哲蚌寺坐落在格培乌孜山山坳

培养高僧的基地

象征吉祥的右旋法螺。

公元 1464 年，哲蚌寺建立僧院，传授佛教经典。寺内共有 4 个僧院（扎仓）、29 个康村。康村是依僧徒来源地区划分的僧团单位，若干康村组成一个僧院。五世达赖喇嘛时期规定格鲁派寺院常住僧人数量时，哲蚌寺额定为 7700 人。到 1951 年前，实际住寺僧人多达万余人，成为西藏地区规模最大、僧人最多的寺院集团。哲蚌寺主要由措钦大殿、四大扎仓(即罗赛林扎仓、德阳扎仓、阿巴扎仓、郭芒扎仓）和甘丹颇章几部分组成。

三世达赖索南嘉措于 1546 年作为该寺

哲蚌寺建立僧院，传授佛教经典

哲蚌寺

哲蚌寺金碧辉煌的屋顶

的第一个活佛被迎请入寺。后来他应蒙古俺答汗的邀请，到青海讲经传法。1578年，俺答汗赠以"圣识一切瓦齐尔达赖喇嘛"的尊号，达赖喇嘛一称即始于此。索南嘉措得此尊号后，又追认其前两世为第一、二世达赖喇嘛。五世达赖罗桑嘉措受清朝册封之前，一直住在该寺。由于历世达赖喇嘛皆以哲蚌寺为母寺，因此该寺在格鲁派寺院中地位最高。由于哲蚌寺开始修建时就和世俗贵族结合相当紧密，所以很快发展壮大起来，后来逐渐发展为格鲁派实力最雄厚的寺院。最盛时期寺僧编制为7700人，拥有141个庄园

培养高僧的基地

拾阶而上，感受迎面而来的佛家气息

关于哲蚌寺的兴建，有一个有趣的传说

哲蚌寺

哲蚌寺藏文全称意为"吉祥积米十方尊胜州"

与 540 余个牧场。

　　关于哲蚌寺的兴建有一个有趣的传说。1416 年的时候，带着八个徒弟，坐着牛皮船横渡拉萨河来到现在哲蚌寺的建造地址。他郑重其事地燃起三盏酥油灯，分别在山坡的东部、西部和中间摆着。突然，一阵山风吹来，东西两盏灯熄灭了，只有中间一盏没有熄灭。强央曲杰笑了，顺手捡起一块石头，朝山下扔去，恰好遇到一个牧羊女路过，她抖了抖彩色围裙，石头突然立在了地上。强央曲杰心里非常高兴，满意地说："师父说得对，这是块吉祥宝地，牧羊女看来是空行女转世，咱们寺院的第一幢房子，就在这里奠基吧！"

培养高僧的基地

哲蚌寺内古朴而富有民族韵味的建筑

强央曲杰和八个徒弟修建的经堂，名叫"强央拉康"，它是哲蚌寺所有建筑的嚆矢。宗喀巴曾亲自来这里主持了开光仪式。

（二）哲蚌寺的寺院教育制度

公元5世纪初，佛教开始传入藏区。在这之后的几百年间，藏传佛教的传入经历了许多的曲折和磨难，佛教在西藏的发展过程中与西藏原始宗教苯教之间纷争不断。在一次又一次的宗教斗争中，双方的宗教典籍大量被焚烧，寺院也被拆毁，宗教文化的发展遭遇了巨大的阻力，西藏形成的寺院教育也遭受到严重挫折。到了10世纪下半叶，佛教在西藏复兴，藏传佛教形成，

其宗教文化和寺院制度也渐成气候，西藏的地方权贵们开始资助兴建寺庙，以寺院为中心的佛法教育随之开始兴盛。

哲蚌寺曾在宗教斗争中遭到破坏，许多宗教典籍被焚烧

　　随着藏传佛教寺院的蓬勃发展，寺院教育制度在藏族地区日臻完善，特别是后起之秀格鲁派的创立，大大促进了寺院教育的长足发展。藏传佛教各派别都规定了适合自身

派别学习的内容和教学方法。1409年，宗喀巴大师在拉萨以东的卓日窝切山腰创建了甘丹寺，并在该寺推行严守佛教戒律、遵循学经次第、提倡先显后密即显密相融的佛学体系，并成功建立了有章可循的寺院机制和一整套严格的教学体制。宗喀巴通达各派显密教法，以中观为正宗，以噶当派教义为立宗之本，综合各派之长，并亲自实践或修行证验，建立了自己的佛学体系。宗喀巴根据五部大论的相互关系和内容深浅不同等特点，制定先学摄类学，认为摄类学或释量论是开启一切佛学知识之门的钥匙；其次为般若学，认为般若学

哲蚌寺的寺院内部组织制度十分严格

哲蚌寺

是佛学的基础理论；之后为中观学，认为中观学是建立佛学观点的理论基石；而后为俱舍论，认为俱舍论是领会小乘之因、道、果理论的权威经典；最后是戒律学，认为戒律学是了解和遵循佛教戒律学的历史和规则，以及如何修持和授受佛教戒律的经典理论。格鲁派在继承桑浦寺寺院教育的基础上，创造性地发展了藏传佛教寺院教育。比如，宗喀巴不仅富有创见性地将五部大论有机地结合在一起，而且在格鲁派寺院内建立了学科分类、高低分层的教学体制，寺院教育更加系统化。由于其戒律严明，讲究修习次第，注重理论修养，加上其创始人宗喀巴及其徒

哲蚌寺广场上的经幡

培养高僧的基地

哲蚌寺建筑结构严密，殿宇相接

众受到明清两朝皇帝的册封，格鲁派逐渐雄踞其他派之上，成为西藏地方政治与宗教方面的首领。格鲁派寺院的教育体制，也逐渐成为藏传佛教乃至整个藏族寺院教育的代表。

哲蚌寺作为格鲁派的一个重要寺院之一，寺院内部组织制度严密。错钦、札仓、康村和米村为主要的组织。错钦是全寺最高组织；札仓隶属于错钦，相当于分院；康村是札仓的基层组织；米村又是康村的下一级组织。四个札仓分别名为罗色林、果芒、德阳、阿巴。每个札仓都有供茶集会的大殿和经堂。札仓有各自所属的僧众，不同札仓的僧众不能相混。札仓僧众每年集体学习共有八次，每次学习时间十五天至一个月不等。学习方法是背诵经文和以因明方式辩论；在堪布前受试及格，由堪布按成绩优劣分别登记，授予不同等级的"格西"学位，直到参加大祈愿法会，授予最高的"拉然巴格西"学位。

格鲁派的学程严格，教材固定，学制严谨，有一整套严格的考试制度和学位晋升制度。根据格鲁派的阐释，释迦牟尼开创的佛教正法，归根结底，是由教义理论

和实践证验构成，因而一切"教"的正法，均摄在经、律、论三藏之中；一切"证"的正法，又摄在戒、定、慧三学之中。宗喀巴在融会贯通五部大论的基础上建立的教学方法，是一种系统掌握佛教三藏的颇具科学性的寺院教育体制，在藏传佛教寺院教育史上具有创新性。所以，这一教学体制很快在格鲁派各大寺院推行，并对其他宗派的寺院教育产生深远影响。这是宗喀巴对藏传佛教寺院教育事业作出的突出贡献。

一般而言，佛教五部大论是藏传佛教寺院教育中的主要教材，因为它涵盖了佛

俯瞰哲蚌寺

哲蚌寺

粗厚古朴的哲蚌寺建筑

教三藏。五部大论最初是在后弘期兴起的藏传佛教六大显宗学院中开始全面学习，后逐渐成为主要教材。这六大显宗学院分别是桑浦寺、德瓦坚热瓦堆扎仓、蔡贡唐寺、巴南嘎东寺、矫摩隆寺和斯普寺，后来格鲁派寺院继承这一学风，并得以发扬光大，至今五部大论依然是各个寺院教育中无可替代的重要教材。

在格鲁派的传统中，修习佛法的最高学位藏语称为"格西"，可以理解为佛学的博士。学僧通过相当长时间的学习和辩经，要达到通晓本派的五部经典大论，既能背诵经典，又能理解其含义后，由他们的老师提名，

巨大的玛尼石

就可以参加"格西"答辩。这样的过程一般最少也需 15 年才能完成。"格西"分为四等，根据不同的地点和考官，所获得的格西分量和声誉大不相同。最高级别是"拉然巴格西"，就是在一年一度的拉萨传昭法会上通过辩经获得名次的"格西"。考上"拉然巴格西"的人，说明他对显宗已经有了很深的造诣，才可以担当住持拉萨

庄严肃穆的哲蚌寺

三大寺（即甘丹寺、哲蚌寺、色拉寺）或其他格鲁派寺院的重任。

　　寺院学习还有一个特点就是辩经。每天，寺院里的活佛都会给各班学僧一些指导和鼓励，用自己的经验和智慧指出他们应该努力的大致方向。然后，整个班级在公开场合，大声地进行辩论，用这样的方式提高学僧的思辨能力。辩论中会运用各种各样的技巧、手势，可以吸引较多人的辩论者往往被认为是高材生。辩论考试是以正方或反方的形式进行，在藏传佛教的宗教术语中被称为立宗辩论，就是围绕某学说或论点进行答辩，提出其中的许多疑难问题，让答辩人一一解答

哲蚌寺措钦大殿前的辩经台

或简明扼要地阐释，如对答如流或阐释深入浅出，则其答辩人的辩论考试成绩为及格或优异，否则，其答辩考试不能通过，需要重新复习，有待补考。尤其是这一考起就纳入僧人的学经之中，并对僧人的学习起到促进作用。由于藏传佛教经院教育提倡并重视辩论这一学经方式，学僧个个思维敏捷或善于辩论，并具有超常的哲学思辨能力。在僧人们看来，辩经是藏传佛教秩序的象征。

2008 年 12 月（藏历十月）哲蚌寺举行了"格西"学位考试。这次考试由中国佛教协会西藏自治区分会会长珠康土登克珠

哲蚌寺喇嘛

活佛主持，持续了三天，其中两天是辩经，最后一天进行文化课考试。"这次考试场面十分盛大，历年来少见。"据罗布坚参介绍，共有来自拉萨三大寺（哲蚌寺、色拉寺、甘丹寺）、扎什伦布寺、大昭寺等西藏十个著名寺庙的二百多位高僧参加了这次考试。和时下流行的评委打分模式一样，格西学位考试也要组成"考评委员会"。来自拉萨三大寺、大昭寺、扎什伦布寺等著名寺庙的经师共同组成了"考评委员会"，考试的内容是藏传佛教经典五部大论和大小五明。考评委员会的各位经师根据辩经问答的情况当场打分，进入前十名的僧侣有望晋升格西。

近年来通过格西考试的僧人逐年增加，而格西考试制度的恢复也重新点燃了西藏僧人们学经、辩经的热情，辩经的气氛越来越浓厚。

（三）最具特色的僧侣学习方式——辩经

1. 辩经的来源

辩经是什么意思呢？辩经，是一种佛学知识的讨论，也可以说是喇嘛

被群山环抱的哲蚌寺

哲蚌寺

们的一种学习方式。这是一种富于挑战性的辩论，双方唇枪舌剑，言词激烈，辩论者往往借助各种手势来增强辩论的力度，他们或击掌催促对方尽快回答问题，或拉动佛珠表示借助佛的力量来战胜对方。

哲蚌寺内曲折迂回的小巷

藏传佛教的辩经制度起源和因明学有着密不可分的联系，"因明"的梵文含义是"新知"，藏文译作"测码"，即"真知"或"正确的认识"。它是开发人的智慧，提高逻辑思维能力，培养辩论技巧的有力武器。藏传佛教因明学有一千二百多年的历史，一直传承不断。11世纪末在桑普寺设置因明学科以来便成了寺院传统教育的主要组成部分。发展前期有两件事情对因明学的发展起了至关重要的作用：一是俄大译师（1059—1096年）仿照印度中古时期的最大经学院那兰陀的体制创办了五部经学院，使因明和佛学的研习走向了正规化的道路，为寺院教育体系的形成做了铺垫。这个时期桑普寺辩经院培养出了一大批因明学和佛学方面的人才，其中专讲《正理彻悟论》的有255人，专讲《正理庄严论》和《大合理论》的有55人。第二件大事是桑普寺第四位住持恰巴曲桑

哲蚌寺在阳光下透出历史的沧桑感

论师（1109-1169 年）开创了《集学》最初理论纲要，初步形成了理论基础。这是通过分析、推理、论证的方法去认识、辨别各种概念、内涵、外延和事物之间的辩证关系，来提高分析、思辨能力的一种学科，这也是辩经的精髓所在。它为后期的《集辩》奠定了基础，为因明辩论技术的进一步提高作出了重要的贡献。后来格鲁派创始人宗喀巴对恰巴曲桑创立的辩经理论和制度，做了一些修改、增补了一些适合格鲁派学僧学习的新内容，逐步形成了格鲁派的辩经制度。继承了藏传佛教"闻思修、讲辩著"

的优良传统。

这种哲学的思维和对最高智慧的追求和向往，促使藏传佛教逐渐形成了完整的辩经制度。辩经对促进藏传佛教寺庙僧人学经有很大的推动作用，通过辩经能提升寺庙的经学水平，也增加了僧人们学经的信心和动力，辩经还为高僧们创造了一个相互交流的机会。寺院的僧人说："平日里各个寺庙、各个教派的高僧们各自修行，难得交流，辩经让高僧大德们走到一起。在辩经中交流，相互学习，这对于提高藏传佛教的整体水平益处很大。"

2. 哲蚌寺的辩经文化

哲蚌寺里的僧人早上六时起床，七时开始在僧舍诵经，九时后随各自经师学经，下

哲蚌寺一景

培养高僧的基地

辩经结束

午二时在寺内辩经场上辩经，晚上八时至十二时再到经师处学经。这便是哲蚌寺僧人的作息时间表。无论发生什么，这个作息表都会一直延续下去。哲蚌寺的四周几乎都是沙石荒山，鲜见草木，但寺内却有几处树木繁盛的院场，这便是辩经场，在高原强烈的阳光照射下，这里显得舒适许多。哲蚌寺的每个札仓（即僧院）都有辩经场，一般设于札仓所在地附近，主位有一级一级的辩经台，辩经时喇嘛依次就坐，寺里每天都有僧人在此辩经。每天到了一定的时候，宁静的寺院会突然出现喧闹的声音，但是这个声音仿佛不是杂乱无章的，而有一定秩序蕴含其中。在哲蚌寺游览的游客，常常能够见到这样的辩经场景。

辩经是藏传佛教一种独特的修行方式，僧人们认为，辩经的唯一目的是追求真理，并以此来提高自己的思辨能力。为了真理，可以争得面红耳赤，这里没有人会介意。每天下午，寺里的学僧便聚集到辩经场，两人一组或多人一组，一人站着发问，一人坐着应答。提问人常常击掌发问，坐着的僧人要接受诘问，

古老斑驳的墙壁目睹了哲蚌寺的变迁

在阳光的照耀下，万物安详宁静

哲蚌寺

并引经据典解答疑问。既然是辩经，彼此之间的言语交锋在所难免，为了追求真理，偶尔还会发生肢体冲突。当然，这些纯粹是为了求知，绝不是因为个人恩怨。

喇嘛们在辩经台上辩经，这是他们修行的方式之一

因此，寺院里有"铁棒喇嘛"来维持秩序。铁棒僧是藏传佛教系统里的僧职称谓，藏名为"格贵"，主要掌管各个寺院或扎仓僧众的名册和纪律，所以又名为纠察僧官、掌堂师。实际上，格贵是负责维持僧团清规戒律的寺院执事，历史上藏传佛教各大寺院的纠察僧官巡视僧纪时，常随身携带铁杖，故有"铁棒喇嘛"之称。

3、辩经的夏学与冬学

培养高僧的基地

藏传佛教文化和辩经制度进入了一个新的繁荣时期，学术思想空前活跃，高僧大德们带徒讲学、著书立说、自由辩论之风盛极一时，几十个不同教派先后诞生。恰巴曲桑去世十几年后，桑普寺分裂成上院和下院。桑普寺下院的主持中，以洛桑尼玛名声最盛，他是格鲁派创建人宗喀巴大师（1357-1419年）的侄子，在任桑普下院住持以后，又担任了甘丹寺的第九任住持。从那时起，桑普寺与格鲁派的联系日益加强。格鲁派所属的四大寺，如前藏的色拉寺、哲蚌寺和甘丹寺以及后藏的扎什伦布寺，各寺学制都基本上按照宗喀巴大

哲蚌寺参差错落的建筑

哲蚌寺

师创建的正规学制进行学习。前藏三大寺的学僧，除遵行经常性的学制，还有两个特殊的学期，其中一个是"桑普寺的夏学"。到这时，三大寺的学僧都会聚在该寺进行学习，主要辩论因明学，因为人多，桑普寺无法容纳居住，只举行一个仪式，在广场上展开"辩一天经"的经学辩论，这个夏学就算结束，其目的，主要是纪念桑普寺开创的因明学学习制度；第二个就是"绛饶朵寺的冬学"，每年的冬季，三大寺都选派学习较好的学僧会聚在绛饶朵寺，历时一个半月（现 25 天），三大寺的扎仓、康村几乎都在那时修盖房舍，供学僧食宿、学习。每天的辩论，都是在露天大辩论场上举行，一两千名僧人聚在山坡

哲蚌寺一景

培养高僧的基地

029

哲蚌寺佛塔

上，同时展开辩论，场面宏大，震撼山谷。以前的生活条件是特别艰苦的，因此辩论僧人中流传着这样一句口头禅："桑普夏日经会，如果我没有去，说明我已亡；绛冬日辩会，如果我去了，那是我疯了。"

这一个半月的时间，都集中用于辩论因明学，只有通过这个辩论的学僧才能够在各寺争取到"拉然巴格西"的头衔。

二　信徒朝拜的圣地

（一）藏传佛教的朝拜方式

藏传佛教最有特点的两种朝拜方式就是磕长头和转经。在藏传佛教形成和完善的过程中这些习俗也渐渐传承下来。让人们赞叹雪域高原这圣洁的信仰之地，仿佛自己的灵魂也得到了一次洗礼，得到了一次净化。

1. 磕长头

磕长头，是在藏传佛教盛行的地区，信徒与教徒们一种虔诚的拜佛仪式。"磕长头"为等身长头，五体投地匍匐，双手向前直伸，用俗话来描述真的是五体投地了。藏传佛教认为，对佛陀、佛法的崇敬，身、语、意三种方式缺一不可。磕长头的

磕长头是朝拜方式之一

哲蚌寺

磕长头是信徒们的一种虔诚的拜佛仪式

人在其五体投地的时候，是为"身"敬；同时口中不断念咒，是为"语"敬；心中不断想念着佛，是为"意"敬。在磕长头中三者得到了很好的统一。在各地通往圣地的大道上，能够不时地见到信徒们从遥远的故乡开始磕长头，据说有很多信徒是从四川或者青海来的。他们手佩护具，膝着护膝，风霜雨雪都阻挡不了他们虔诚的目标。这些信徒们沿着道路，不惧千难万苦，三步一磕，以划线或积石为志，每伏身一次，以手划地为号，起身后前行到记号处再匍匐，如此周而复始，靠坚强的信念和矢志不渝的精神，一步步趋向圣城拉萨。遇到河

磕长头的人

流，须涉水、渡船，则先于岸边磕足河宽，再行过河。晚间休息后，需从昨日磕止之处启程。虔诚之至，坚韧不拔，令人感叹。朝圣的道路再远再艰辛，也阻挡不了这些千万里之外前来追寻的人们。

总的来说，磕长头分为长途、短途和就地三种。长途一般历经数月，信徒与教徒们风餐露宿，朝行夕止，匍匐于沙石冰雪之上，执著地向目的地进发。信徒在行进中磕长头，必须遵循这样的程序：首先取立下姿势，口中念念有词，多为诵六字真言即唵嘛呢叭咪。一边念六字真言，一边双手合十，移至面前，再行一步，双手合十移至胸前，迈第三步时，双手自胸前移开，与地面平行前身，掌心朝下俯地，膝盖先着地，后全身俯地，额头轻叩地面。再站起，重新开始复前，该过程中，口与手并用，六字真言诵念之声连续不断，以五体投地的姿势表示对信仰的虔诚。

短途一般是围绕寺院、神山、圣湖、圣迹磕头一周，少则几个小时，多则十天半月。

就地则是在自家佛龛前或附近寺庙大殿门前，以一定的数量为限，就地磕头。

哲蚌寺转经筒

2. 转经

转经是藏传佛教的一种重要的宗教活动，即围绕着某一特定路线行走、祈祷。

在西藏几乎随处可见转经的人，他们或者穿着藏族的服饰，或者是穿着内地民众一样的衣服，拿着小转经筒在街道上行走。因为藏传佛教信徒认为拉萨是世界的中心，拉萨则以释迦牟尼佛为核心进行转经活动。转经一圈为圆满，沿佛殿四周的转经甬道一圈为"囊廓"，是内圈；绕大昭寺一圈为"帕廓"，是中圈；绕大昭寺、药王山、布达拉宫、小昭寺一圈为"林廓"，是外圈。大昭寺实际就是佛教关于宇宙的

哲蚌寺转经筒

理想模式——坛城（曼陀罗）这一密宗义理立体而真实的再现。人们认为转经就相当于念经，是忏悔往事、消灾避难、修积功德的最好方式。为了让这种最好的修德方式得到最充分的运用，西藏各处都修有佛塔，置有转经筒，甚至信徒随身携带着转经筒，一有闲暇，便转动经筒。

藏传佛教信徒转经还有围绕神山、圣

冈底斯山是藏传佛教信徒心中的圣山

湖而转的，比如神湖纳木错。也有围绕圣城、寺院而转的，有围绕佛塔、玛尼堆而转的……藏族是全民信教的民族，他们的宗教信仰在日常生活的各个方面都有所体现，转经的场所也一样广泛，遍布城乡。其中被视为最高级的转经方式是围绕冈底斯山转经。因为，冈底斯山是藏传佛教信徒心中的圣山，他们认定，围绕冈底斯山转经一圈即可洗去一生的罪孽，转十圈即可洗去地狱之苦，转百圈即可成佛，在他们心中冈底斯山的神圣可见一斑。因而围绕冈底斯山转经是他们最大的愿望。不管这个愿望能否实现，他们都会为此而努力，

无论何时何地，他们都会怀着虔诚的心情，不停地走，以转经的方式走过自己的人生，在这片土地上播洒自己虔诚的信仰。

转经筒是藏族群众最常见的宗教礼仪之一

转经筒对于藏传佛教的信徒来说再熟悉不过了，对于初到西藏的人来说，心中更多的却是神秘感。

转经筒又称"玛尼"经筒（梵文，中文意为如意宝珠），六字真言是藏传佛教名词，汉字音译为唵、嘛、呢、叭、咪、吽，是藏传佛教中最尊崇的一句咒语。藏传佛教认为，持诵六字真言越多，表示对佛菩萨越虔诚，由此可得脱离轮

信徒朝拜的圣地

转经筒前的喇嘛

回之苦。因此人们除口诵外，还制作"玛尼"经筒，把"六字大明咒"经卷装于经筒内，用手摇转。藏族人民把经文放在转经筒里，每转动一次就等于念诵经文一遍，表示反复念诵着成百上千倍的"六字大明咒"。转经筒有大有小，小的拿在手中就可以了。这种手摇转经筒又叫作手摇玛尼轮，质地有金、银、铜等，也分大中小几种。这种可以拿在手中的转经筒主体呈圆柱形，中间有轴以便转动。不仅圆筒上刻有藏传佛教的六字真言，圆筒中间同样装着经咒。转经筒制作一般都很精美，上面刻满了经文和一些鸟兽等图案，不仅如此，还用漆

哲蚌寺转经筒

绘彩色装饰，如同被用来欣赏的工艺品一样美观精致。一些转经筒上还镶以珊瑚、宝石等，增添了除宗教信仰外的价值。手摇转经筒旁边还开有耳孔，系着小坠子，转动圆筒下面的手柄，小坠子也随之转动，靠惯性加速转经筒的旋转，它与转经筒相碰的声音有节奏地响动着。随着转经筒的快速旋转，转经的信徒坚信他自己的虔诚、他的功德也在快速地积累。

尽管小转经筒转动比大的转经筒要快，但信奉藏传佛教的人们认为小转经筒还是无法与大转经筒相比，因为大的转经筒上面刻的经咒和里面装的经咒比小转经筒要多得

哲蚌寺转经筒

转经筒上多绘有精美的图案

哲蚌寺

金色的转经筒被整齐地排列固定在木轴上，供人们摇转

多，转一圈划过的轨迹比小转经筒大得多，因而转一圈大的转经筒比转一圈小的转经筒积累的功德也多得多。这样一来，人们除了随时随地转动手摇转经筒外，还专门抽出固定时间，去转更大的转经筒，以积累自己的功德。大的转经筒一般都集中在寺院周围，有专门的转经走廊。一排排金色的转经筒被整齐排列固定在木轴上，一眼望去，感到既壮观又神秘。

这种大的转经筒也是圆柱形，和小转经筒的形状很相似。高近一米，直径约40厘米，一般有铜制和木制两种，铜制的转经筒外形仍为铜的本色，看上去金黄色的一片，非常

手摇转经筒的信徒

壮观。木制的转经筒则多为红色，筒外包有绸缎、牛羊皮等，并刻着六字真言和鸟兽图案，筒里则装满了经文。转动这些转经筒得靠手推，比起小转经筒要费点力气，不过一般轻轻一推即可转动。转动起来即意味着将里面所装的经文一遍一遍地诵读着。也有手推也转动不了的转经筒，这种转经筒非常大，其高度可达数米，直径可达 2 米，筒中可容纳全部大藏经，必须许多人齐心协力才能够转动。

（二）哲蚌寺重要的佛事活动

哲蚌寺作为藏传佛教的一个著名寺庙，具有自身独特的文化传统，这不仅体现在哲蚌寺的制度和建筑之中，而且在哲蚌寺的各种重要的佛事活动中，也向人们展示着藏传佛教的文化魅力。

1.重要法会

哲蚌寺一年中最主要的法会有春、夏、秋、冬季四大法会和初夏法会、萨嘎法会、阿曲法会和巴尔曲法会等大小八类佛事活动。春季法会的时间是每年的藏历三月三日至四月三日；夏季法会为每年的藏历五月十六日至六月十六日；秋季法会为每年的藏历八月三日开始，九月三日结束；冬季法会在每年的藏历十一月十六日至十二月十六日之间举行。由于这些法会陆续举行，持续时间为一个月，因此也被称为"达曲"，就是

晒佛节

信徒朝拜的圣地

雪顿节上的晒佛仪式

月供或月会的意思。

初夏法会的藏语意思是"夏季第一场法会"，每年的藏历四月十六日至五月七日举行。萨嘎（意为白土）法会的时间为每年的藏历九月十六日至十月七日。这两个法会一共延续 20 天，所以也称作"尼绣曲托"，意思是二十日会供。

2. 雪顿佛事

西藏传统的雪顿节在每年藏历六月底七月初举行。在藏语中，"雪"是酸奶子的意思，"顿"是"吃""宴"的意思，雪顿节按藏语解释就是吃酸奶子的节日，因此又叫"酸奶节"。雪顿仪式在藏历六

雪顿节盛大的晒佛仪式吸引了成千上万的观瞻者

山坡上的玛尼石

信徒朝拜的圣地

哲蚌寺玛尼石

月三十日，由于这时正是哲蚌寺僧人的夏
令安居时期，在大殿诵经时有享用酸奶的
习俗，后来被称为雪顿，是酸奶宴的意思。
因为雪顿节期间有隆重热烈的藏戏演出和
规模盛大的晒佛仪式，所以有人也称之为
"藏戏节""展佛节"。传统的雪顿节以

人们表演藏戏庆祝雪顿节

展佛为序幕，以演藏戏、看藏戏、群众游园为主要内容，同时还有精彩的赛牦牛和马术表演等。

　　雪顿节起源于公元 11 世纪中叶，那时雪顿节是一种纯宗教活动。民间相传，佛教的戒律有三百多条，最忌讳的是杀生害命。

由于春天气候变暖，草木滋长，百虫惊蛰，万物复苏，到处都是刚开始生长和复苏的生命，这时候僧人外出活动难免踩杀生命，会违背"不杀生"的戒律。因此，格鲁派的戒律中规定藏历四月至六月期间，喇嘛们只能在寺院里面关门修炼，称为"雅勒"，意即"夏日安居"，直到六月底才会开禁。在解制开禁之日，僧人纷纷出寺下山，世俗老百姓为了犒劳僧人，备酿酸奶，为他们举行郊游野宴，表演藏戏等娱乐活动。这就是雪顿节的由来。

哲蚌雪顿的日程安排一般是，从六月二十八日起，先由杰卡瓦等藏戏组织在寺

巨幅锦锻织绣佛像

哲蚌寺

庄严雄伟的哲蚌寺

院颇章平台表演藏戏。六月三十日黎明时分，众僧侣请出哲蚌寺措钦大殿内的巨型"唐卡"，在寺院西山上举行展佛仪式，也称为晒佛仪式。"唐卡"前还举行藏戏表演等。在当天哲蚌寺还举行措钦相俄的新旧换届仪式。届时有众多信徒和居民、游人前往观看。雪顿当日哲蚌寺僧侣也盛情接待各自的亲朋好友，大家一起欢庆这个藏传佛教的传统节日。

3. 学术会

"喇嘛日吉"意思是"喇嘛学术管理会"，每逢藏历七月份学术会议时，除阿巴扎仓堪布外，其他在任堪布每年轮流主持组织。它

赛牦牛

起源于降央却杰任哲蚌法台时期。学术全体会议的地点在措钦大殿的上房。阿巴扎仓和已退位的堪布不需参加学术会。

这个学术会议共持续 15 天。作为学术会议举行需要的物资。一些上层贵族和商人作为施主定期为喇嘛日吉布施茶、粮食和资金，地方政府划给的土地和牧场以及信教者赠送的大量钱粮（每年固定时间发放茶饭、布施的本钱）都有喇嘛日吉管理。有正式僧院的在任堪布以及堆瓦、夏果、吉巴等没有正式僧院的堪布轮流掌管喇嘛日吉所有的庄园和牧场，掌管期限为五年。他们的职责是，在学术会议期间必须保障

宗喀巴大师像

学术会上的所有开支，除了为研修佛经的僧众每日熬茶两次外，还需每人每日发放一定数量的炒青稞作为福利。期限满后，把土地、牧场及相关文件交给接替者。

4. 默朗钦摩

传昭法会是为纪念释迦牟尼功德，于1409年由宗喀巴大师创立的法会。藏语称"默朗钦摩"，亦称传大昭、祈愿大法会。传昭法会的独特之处在于已经形成固定场所和定

传昭法会一景

制。五世达赖罗桑嘉措时期对传昭活动进行了较大的调整和改变，时间从初一至十五改为藏历正月初四至二十五日，并规定了传昭期间考取"拉然巴格西"学位。

哲蚌寺举行传昭法会的时候，三百余名僧人聚集在高处的措钦大殿内，念诵经文，为天下众生祈福。在庄严的大殿内，佛香缭绕，头戴黄色峨冠僧帽、身着深紫僧服的铁棒喇嘛手持铁杖，在大殿内巡视。前来朝佛的藏族百姓坐在佛殿两侧，虔诚听取僧人念经。诵经完毕，信徒们起身顺时针绕行大殿，为每一位在场僧人布施。寺院住持和领经师在佛像前为他们献上洁白的哈达，表示感谢。

5. 默朗措曲

默朗措曲意思是会供法会，俗称传小昭。始于1682年，是为五世达赖喇嘛举办的年祭，在每年的藏历二月十九日举行。其后一代达赖逝世即延长周年法会一天，一般从二月中旬举行，到西藏和平解放时已增至十天时间。法会有哲蚌寺措钦相俄主持，期间三大寺学经僧人在大昭寺辩经考取"措让巴格西"学位。

此外，甘丹昂曲、萨嘎达瓦、拉保堆庆及夏令安居等也有一些祈祷诵经等佛寺活动。

三 雪顿节中的哲蚌寺

（一）展佛活动

作为节日的序幕，哲蚌寺展佛是最令人瞩目的仪式。展佛活动是哲蚌寺在雪顿节最壮观的一幕。凌晨三四点，人们就动身到哲蚌寺。喇嘛们很早就把展佛的挂毯搬到山的那边，慢慢把挂毯舒展开来，只等第一缕阳光的到来。早上8点钟，哲蚌寺背后的半山腰上，在第一缕曙光的辉映下，伴着凝重、庄严的法号声，一幅面积500平方米、用五彩丝绸织就的巨大释迦牟尼像徐徐展露容颜……数万名信徒和深受感染的游客无不双手合十，顶礼膜拜。当第一缕阳光与缓缓下垂的挂毯重叠的那

展佛节当天凌晨，人们将展佛挂毯平铺在山坡上，等待第一缕阳光的到来

哲蚌寺

每年藏历的五月十四至十六日为展佛节

一刻，他们认为那是佛祖显灵的表现，此时的祈祷更加虔诚。为了瞻仰这神圣的展佛仪式，许多信徒不畏路途艰辛，不远千里赶来膜拜。

（二）藏戏表演

藏戏起源于8世纪藏族的宗教艺术，据传藏戏最早由七姊妹演出，剧目内容大多是佛经中的神话故事，如《诺萨法王》《文成公主》等。随着藏戏的发展，17世纪时藏戏从寺院宗教仪式中分离出来，逐渐形成以唱为主，唱、诵、舞、表、白和技等基本程式相结合的生活化的表演，成为早年人民生活中一项重要

雪顿节中的哲蚌寺

的文化活动。藏戏唱腔高亢雄浑，基本上是因人定曲，每句唱腔都有人声帮和。其高亢动人的唱腔、抑扬顿挫的独白、神奇瑰丽的脸谱、古朴肃穆的服饰、优美动人的舞姿，历经六百余年的洗练，散发出一种浑然天成、底蕴丰厚的独特魅力。

到17世纪下半叶和18世纪初，清朝皇帝顺治和康熙分别册封了五世达赖喇嘛阿旺·罗桑嘉措和五世班禅罗桑益西，创立了以后历世达赖和班禅由中央政府册封的制度，并赐金册、金印，自此之后，西藏"政教合一"的制度得到加强，班禅和达赖是藏传佛教最大的教派格鲁派（黄教）两大

藏戏表演

哲蚌寺

教主，实行活佛转世制度。据记载，参加雪顿节演出活动的是扎西雪巴、迥巴、降嘎尔、香巴、觉木隆、塔仲、伦珠岗、郎则娃、宾顿巴、若捏嘎、希荣仲孜、贡布卓巴共十二个藏戏团体。在这个有几百年历史的雪顿节之中，藏戏表演占了很大的比重，某种程度上说，雪顿节相当于一个藏戏节。

藏戏渗入到雪顿节的初期，是宗教活动和文娱活动相结合的开始，最初仅限于在寺庙里表演，以哲蚌寺为活动中心，雪顿节又称之为"哲蚌雪顿节"。当五世达赖从哲蚌寺移居布达拉宫后，每年六月三十日的雪顿节，一般来说先在哲蚌寺内进行藏戏会演，

藏戏面具

雪顿节中的哲蚌寺

藏戏面具

藏戏面具

哲蚌寺

藏戏表演

第二天到布达拉宫为达赖演出。18世纪初罗布林卡建成后，成为达赖夏宫，于是雪顿节的活动又从布达拉宫移至罗布林卡内，并开始允许群众入园观看藏戏。雪顿节从一种佛教活动扩大到民俗活动，西藏民众都参与其中，雪顿节的活动也更加完整，形成了一套固定的节日仪式。

西藏和平解放前，藏戏艺人大都是农奴，除奉差演出外，常年要靠劳动和流浪卖艺为生。和平解放后百万农奴翻身解放，藏戏艺人的地位大大提高了，在新时代也创作了许多具有时代特色的剧目。西藏民主改革前藏戏表演的程式是：到了藏历六月二十九，各

雪顿节中的哲蚌寺

藏戏是一个古老的民族剧种

地藏剧团一早到布达拉宫向地方政府主管藏戏的"孜洽列空"报到，并进行简单的仪式表演。然后赶到罗布林卡向达赖致意，当晚返回哲蚌寺。第二天（六月三十日）为哲蚌雪顿节，演出一天藏戏。七月一日，由拉萨、日喀贝、穷吉、雅隆、堆龙德庆、尼木等地的五个剧团，六个"扎西雪巴"戏班子，一个牦牛舞班子和一个"卓巴"舞即打鼓舞团在罗布林卡联合演出。七月二日至五日，再由江孜、昂仁、南木林、拉萨等四个地方剧团轮流各演一天广场戏，雪顿节五天中，噶厦政府放假，全体官员要集中到罗布林卡陪达赖看戏，每天中午噶厦设宴招待全体官员，席间要吃酸奶子。

藏戏表演作为一项文化艺术，自身的特色依然保留着。现在的雪顿节期间，藏戏演出依然是一个重头戏。从雪顿节的第二天开始，在罗布林卡、布达拉宫对面的龙王潭公园内，藏戏队伍每天不停歇地从上午 11 点直唱到暮色降临。据说，因为时间有限，已经提取了剧目中的精华部分，否则一出戏会唱上几天，表演者自得其乐，观赏者更是乐此不疲。

晨光中的哲蚌寺

藏戏的面具具有鲜明的民族特色，且由来已久。它在藏戏形成之前就已出现，这大概与原始宗教的图腾崇拜有关。《西藏王统记》曾记述雪域藏民为歌颂英雄松赞干布的丰功伟绩举行过盛大的藏戏演出，其中这样描写："为使法王散心情，戴上面具舞狮虎，执鼓跳舞众艺人，各献技艺显奇术。"据说，这是关于藏戏面具的最早记载。

四　哲蚌寺的建筑特色

（一）哲蚌寺的布局

哲蚌寺的各个建筑单位大体上可分为院落地平、经堂地平和佛殿地平三个地平高程。这样就形成由大门到佛殿逐步升高的轮廓，使后面的佛殿部分显得巍然高耸。在大殿和主要经堂的外部又采用金顶、相轮、宝幢等加以装饰，使得建筑形体更加丰富多彩。

（二）哲蚌寺的主要建筑

1. 措钦大殿

规模宏大的措钦大殿位于哲蚌寺中心，占地四千五百多平方米，殿内有木柱 183 根，可容僧人 7000 — 10000 名，是喇嘛诵经和举行仪式的场所。

措钦大殿门廊是由八根大柱支撑的

哲蚌寺

措钦大殿内喇嘛在诵经

殿前门廊是由八根大木柱支撑的，从这个地方逐阶而下有一大广场，也就是著名的辩经场，每天下午都可以看到僧人们激烈的辩经场景。从各扎仓考取出来的格西必在这个辩经场上立宗答辩获胜后才能参加大昭寺每年传昭时考取格西的资格。措钦还设两名"协敖"（执法者），俗称"铁棒大喇嘛"，殿内饰以幢幡宝盖，坐垫坐具，依次排列着堪布（住持）、活佛（意为化身）、格西（善知识，即法师）等人的座次以及翁则（领经师）、协敖（铁棒喇嘛）的序位。

措钦大殿二楼南厅为全寺总管拉基堪布

措钦大殿内的大白伞盖佛母像

（四晶官）的办公之地，也是各扎仓堪布聚会议事之所。东面是甘珠尔拉康，内藏多部《甘珠尔》藏经（甘珠尔，是显宗和密宗经律部分的总和，共收书1108种，分为七类：戒律、般若、华严、宝积、经集、涅槃、密乘，为噶举派的衮噶多吉编订），有云南土司赠送的理塘版大藏经康熙年间的木刻经文和第巴（意为大管家）、洛桑土都用金汁抄录的《甘珠尔》。

殿内的陈设非常丰富。大殿所供奉的主佛是大白伞盖佛母像（藏名"都噶"），佛母也就是诸佛之母。据《大白伞盖经》

称此佛母有大威力，放大光明，能以净德覆盖一切，以白净大慈悲遍覆法界。她身白色，三头三眼，头上重重叠叠有多层发髻，显得十分庄重，这种头顶重重的发髻称为佛顶尊；佛母的造型有点像千手观音，有许多的手臂长在身体上，这些手臂形成一个大圆圈，造型完美；她的每只小手臂上都有一只眼睛，手中持有的法器有钩、索、弓、箭、杵……最外面环绕一火焰圈；她主臂左手持金刚杵，右手拿一柄白伞盖，据说能护国安民镇妖伏魔；佛母雕像的脚下是无数的人物、飞禽、走兽……表示她的法力庇护着众生，让万物

哲蚌寺一角

哲蚌寺的建筑特色

陈列在哲蚌寺的珍贵文物

能够生息繁衍。

殿中还有一尊无量胜佛九岁身量像，像内的宝物十分丰富：有摩竭陀国大升的佛舍利，有宗喀巴大师的头发和全套服饰，颈部装有护贝龙王献给宗喀巴的三联右旋白海螺，胸部装有义成国王的王冠和各色玉石，有用空行母切娃崩的发丝编织而成的金翅乌纱帽，有来自金刚座（佛成等正觉时的座位）的菩提树巨大种子，有格萨尔王的三轮——弓、箭、矛以及弓囊、箭袋，还有用纯金粉写封面的五部梵文经典……汇集着宗教的各个方面，十分全面。

有一尊藏名为"斯希吉教玛"的释迦牟尼像，造价不菲。不仅佛体以 500 两白银制成，而且其中装藏有金寂佛的舍利子、头发、法衣、法冠……这些物品的价值远远高于造佛像的花费，多年来依然保持着自身的华丽和威严。

后殿正中供奉一尊镏金"弥旺强巴佛"（原为达孜弥旺捐资铸造，故名"弥旺强巴佛"），这尊佛像有两层楼高。后殿左边配殿是三世佛殿（三世佛指的是过去佛、现在佛和未来佛），语称"堆松拉康"，这是哲蚌寺的早期建筑，供奉着过

哲蚌寺的建筑特色

哲蚌寺内供奉的强巴佛

去佛燃灯，现在佛释迦牟尼和未来佛强巴（弥勒），这和内地的宗教是不大一样的。后殿右边配殿内供奉着各种佛经和放经书的架子，据说从下面钻过去能够带来好运。佛殿回廊的出口处有一方同治皇帝的御笔匾额"输成向化"。大殿西侧"龙崩康"全是灵塔；从南面开始第一、二座即"龙崩"神塔（哲蚌寺每年举行的"龙崩节日"，就是为十万龙神超荐升天的祈祷活动）。此外还有三座银塔。中间一座即二世达赖喇嘛的灵塔，左右两塔为哲蚌寺的祖师塔。

措钦大殿三楼有祖师殿藏经阁和强巴通真佛殿，供奉着强巴（弥勒）佛8岁铜

强巴佛殿

郎仁巴大师灵塔

哲蚌寺的建筑特色

第二世达赖喇嘛根敦嘉措灵塔

像。这个佛像前还供着一个法螺，传说这个法螺是释迦牟尼的遗物，非常珍贵，是镇寺的法宝。措钦大殿四楼主殿"觉拉康"主供释迦牟尼说法像，两旁还供有13座银

塔。侧殿是罗汉堂，供奉的是佛教中的历代
祖师和罗汉等神像，并供有哲蚌寺主要大活
佛的身像。

2. 哲蚌寺的扎仓

哲蚌寺扩建时一共有七个扎仓，后来逐
步合并为四大扎仓，分别为果芒、洛色林、
德央和阿巴扎仓。其中洛色林扎仓的规模最
大，主经堂由 108 根圆柱组成，面积 1100
多平方米，可容纳 5000 名僧人同时诵经，
相当于一个大型礼堂。后殿为强巴拉康，主
供强巴佛，强巴佛的造型很像内地佛教中的
弥勒佛。果芒扎仓主经堂由 102 根木柱组成，
面积 1000 多平方米，内设吉巴拉康、敏主

哲蚌寺果芒经学院

哲蚌寺的建筑特色

哲蚌寺建筑上的小窗子

哲蚌寺果芒札仓殿前悠然自得的绵羊

哲蚌寺

果芒札仓外景

拉康及卓玛拉康，并列于大经堂最后面。德央扎仓主经堂由56根圆木柱组成成，面积500多平方米，主佛为维色强巴佛，意为破除一切穷困的强巴佛，是僧俗信众对未来美好幸福的向往和寄托，也叫做未来佛。阿巴扎仓密宗殿，由48根圆木柱组成，面积达480平方米，殿中供奉的"吉几"佛，即九头三十四臂的胜魔怖畏金刚像，是黄教密宗三大本尊之一，是文殊菩萨的化身。

四大扎仓（果芒、洛色林、德央、阿巴）中，除了阿巴扎仓专门修习密宗教法以外，其余均学显宗。洛色林和果芒扎仓都是专学显宗的五部大论，但学经"见地"又各有侧重，

果芒札仓"法苑"内的石刻像
果芒札仓的主供佛——不动佛

带有自己的独特传统和思想。洛色林扎仓侧重于中观自续派，果芒扎创则侧重于中观应成派，而德央扎仓显密均学，但侧重于文艺，如藏戏、跳神……显，是用明显的教义来说明修证的途径，并通过这个途径来达到成佛的目的，这是一般人都能接受的学佛或修佛的方法。据宗教史书记载：显宗又叫显教，也有叫显乘或显修派的。

阿巴扎仓密宗殿，这里供奉的主要佛像是九口、三十四臂、十六足的胜魔怖畏金刚。它的左侧是怖畏金刚

阿巴札仓长廊顶的龙形图

的侍从塑像；它的右侧是一尊由宗喀巴本人塑造的宗喀巴像；上方是依照宗喀巴的学说、用红白檀木制作的立体坛城。此外，这里还供奉有大黑天和愤怒罗刹等塑像。据说在塑造愤怒罗刹像的面部时，每一撮泥上宗喀巴和许多神变比丘都要念十万遍"雅玛热扎"咒，塑造其他部位时每撮泥土也要念咒万遍。

人们还传说当愤怒罗刹的下身塑完后，它的上身就自然形成了。

密宗院外景

阿巴扎仓为密宗学院，密宗又叫密教，也叫密乘或密修派。密，是说修习一种不能对外人说的密法来达到成佛的目的，就是心领神会。这里所说的外人，据说是指那些"非法器"的人，也就是那些没有达到修行这个密法的程度的那些人。据说释迦牟尼对因扎菩提王子说，如果以密宗的途径去修佛，人有即生成佛的可能。佛教徒认为即便是可能，也要比显宗的修行更有可能实现，因而学佛的人都要学密宗了。

阿巴扎仓由48根圆木柱组成，面积达480平方米，哲蚌寺密宗殿的三宝所依均是照宗喀巴之令建造的。殿中供奉的"吉几"佛，即九头三十四臂的胜魔怖畏金刚像，是黄教密宗三大本尊之一，是文殊菩萨的化身，传说是宗喀巴亲手塑建的。按佛经记载，它是释迦牟尼在须弥山的再现。传说当时南方出现了极其凶暴的阎王，因而佛便显现出凶恶的怖畏金刚的形象去镇压阎王。它有九个头，代表九类佛法；九个头上每个头又有三眼，这是代表洞察三时的慧眼，意思是一切尽收眼底；

密宗殿里的法鼓

密宗院（阿巴札仓）里的彩色坛城

哲蚌寺

头发上指，意思是向着佛地。这尊佛像 密宗院内的金刚大威德及三尊黑面护法神
有三十四臂，表示菩萨成佛除了身、口、
意念外，还有34条修持法；左右三十四
只手各持物件，都有自己特殊的意义。
佛像的十六条腿，镇压阎王十六面铁城，
代表十六种空性；脚下十六种动物，代
表十六种超凡功能；脚踏八大天王，表
示超出了世俗法则。它身佩五十颗人头，
象征梵文34个子音和16个母音，遍体
披人骨珠串，象征一切善的功德都全了；
佩带人骨骷髅，一方面象征世事无常，
另一方面象征战胜恶魔和死亡。它怀中

哲蚌寺的建筑特色

哲蚌寺

密宗院门饰

哲蚌寺的建筑特色

宗喀巴在学问修持各方面都具有很高的造诣

还拥有明妃"若朗玛"，蓝身头佩五头骨三睛头发下垂，表示女人服从之意。怖畏金刚和若朗玛皆为裸体，表示远离尘埃世界；男女拥抱，是阴阳有合、乐空二法合一的意思。怖畏金刚座下的莲花，代表已出轮回，有莲花"出淤泥而不染"的意境；莲花上的红日，象征心有如太阳当空，遍知一切；背景有火焰，

甘丹颇章一景

象征智慧和能量像火一般旺盛，能烧掉一切
烦恼和愚妄。

　　阿巴扎仓还供奉着密宗大师惹译师（多
杰扎巴）的遗骨。怖畏金刚右侧的宗喀巴像，
据说也是宗喀巴亲自塑制的，其塑像的鼻梁
端直挺拔，与其他寺院供奉的宗喀巴像有明
显不同。

3. 甘丹颇章

　　颇章，是格鲁派建立甘丹颇章地方政权
的策源地。哲蚌寺西南角的甘丹颇章建于
1530 年左右，甘丹颇章是达赖喇嘛在哲蚌寺
的寝宫，由二世达赖根敦嘉措主持修建。原

哲蚌寺甘丹颇章全景

为二、三、四、五世达赖住地，在重建布达拉宫以前五世达赖喇嘛一直住在这里。清朝皇帝册封五世达赖，使得达赖喇嘛有了政教合一的权利。五世达赖受清朝册封后，由甘丹颇章移住到布达拉宫，甘丹颇章曾作为格鲁派政教合一的地方政权代称。于是甘丹颇章也就成了西藏地方政府的同义语，史学界称其为"甘丹颇章政权"。

据《西藏遗闻》中理藩院的统计，当时西藏的格鲁派寺院已达3477座，僧尼316230人，寺庙所属的农奴128190户。颇章的主管，由达赖喇嘛在该寺拉基会议成员中任命一名第巴负责管理该宫殿，同时

甘丹颇章内达赖床榻及供品

达赖寝宫内的宝座

担任哲蚌寺与地方政府的联络官。

甘丹颇在哲蚌寺第十任堪布——二世达赖喇嘛郭嘉措于公元1530年时兴建，宫室总共有七层，分为前、中、后三幢建筑。前院作为地下室的各类仓库，放一些杂物等。二层的院落面积有四百多平方米，四面都是僧舍游廊。四、五楼中有部分僧舍，但经堂佛殿较多。六楼设有佛堂，但主要是达赖喇嘛属员办公之地。达赖喇嘛的生活起居主要是在七楼，七楼为达赖喇嘛生活起居之所，有达赖喇嘛的经堂、卧室、讲经说法堂、客厅，这个起居室还有两个殿，卓玛殿和护法神殿。后宫"贡嘎热"庭院内设经堂，该寺的文物都在此陈列，原系地方政府办公之地。

甘丹颇章内的铜制器皿

每逢该寺的雪顿节时，都要在此演戏跳神。跳神（即跳法王舞）是一种配乐舞蹈形式的佛事活动。1718年，塔尔寺第二十任法台嘉堪布时，七世达赖授意："须建立一个跳神院，由舞蹈师教习舞蹈音乐，并建立跳神制度。" 1718年，建立塔尔寺的跳神院，翌年春节，七世达赖喇嘛照例宴请塔尔寺法台、经师则敦夏茸、青海和硕特蒙古察汗丹津亲王、郡王额尔德尼

色彩艳丽的玛尼石

额尔克等蒙藏僧俗首领，在塔尔寺举行规模宏大的正月祈愿法会，会上首次在跳神院表演法舞。

（三）哲蚌寺的主要色调：白红黑

在蓝天白云之下，看雪白的哲蚌寺，这些纯净的颜色不同于霓虹灯下街道的炫目华丽，它的缤纷色彩都笼罩着一种虔诚的宗教气氛和神秘的韵味。

其中颜色最丰富的就是经幡了。经幡有几种，一种是只有一块幡布，单一的白色或红色，上面印着佛陀的教言，用旗杆挑起来挂在庭院之中，这种经幡一般做得很精致。另一种是将多块幡布用绳子连在一起的经幡，这些幡上或印着佛陀的教言，或印着鸟兽图腾，幡有蓝、白、红、绿、黄五种颜色，可以将自己的祝福写在经幡上。人们将很多条这样的经幡拴在山坡的树上或用其他办法固定在山顶上，在一些海拔很高的山上可以看到层层叠叠的经幡在随风飘舞，形成成片的经幡群，远远就可以看得到。此外还有一种，有一块印有佛陀教言或鸟兽图腾的主幡，加上一些无字无图的五色幡，将其连在一起，形成一个完整的经幡。经幡的五种颜色在藏传佛教之中有独特的含义，和金木水火土有一定的联系，据说，蓝

信奉藏传佛教的人认为经幡所在即是神所在

哲蚌寺的建筑特色

白色是西藏最常见的颜色

色象征蓝天，白色象征白云，红色象征火焰，绿色象征绿水，黄色象征土地。人们将自己的寄托和自然界的物质紧密联系在一起，在雪域高原，用自己的信念生存着、创造着，为这片美丽的土地又增添了一份色彩。

在哲蚌寺里，最常看到的三种颜色就是白色、红色和黑色。

1. 白色

在西藏，白色是最常见的颜色，人们喜爱且崇拜白色。藏族认为白色象征纯洁、吉利，所以哈达一般是白色的。白色在藏族人的生活之中也是最常见的颜色。藏传佛教大多数的寺庙都是白色的墙壁，哲蚌寺是很典型的一个。在西藏白色是正义、善良、高尚、纯洁、吉祥、喜庆的象征。只要是白色的东西，就可以成为人们崇拜和喜爱的理由，而那些生活在人们想象中的帮助人们的神仙，也与白色紧紧联系在一起。

为什么白色在藏族人民心目中的地位那么崇高呢，这与西藏特殊的地理环境密不可分。在西藏漫长的冬季里，大雪覆盖了整个高原地区。即使在夏季，也能够看到高原的雪山，比如高原南部

远处的雪山与白云、寺庙墙壁相互辉映

哲蚌寺的建筑特色

雪山脚下盛开的雪莲花

的喜玛拉雅山和北部的冈底斯山在夏天也仍然积着皑皑白雪。白色的雪，和藏族人民的生活息息相关。虽然俗话说瑞雪兆丰年，冬季里下的白雪，可以为第二年带来丰收。不过对于青藏高原的居民来说，这种能带来丰收的雪既不能太小又不能太大，太小了会干

青稞酒

旱，第二年不会有好收成，太大了就会带来
雪灾，不仅不能丰收，还会对生命构成威胁。
白色的雪，既纯洁又令人敬畏，令人觉得白
色拥有强大的力量，于是藏族人民对白色充
满了敬仰。

　　在青藏高原相对恶劣的自然环境中，世
世代代的高原人在这里用自己艰辛的劳动和
坚韧的品质顽强生存。种的粮食主要是青稞，
养的牲畜主要是牛羊。用青稞磨出的糌粑是
白色的，青稞酒是白色的，穿的衣服离不开
白色的羊毛，吃的是白色的酥油，喝的奶也
是白色……总之，是白色哺育和维系着人们

的生命，藏族人民的生活中充满了白色。白色赐予人们的都是生命中无比重要的东西，藏族人民离不开白色，所以白色成为人们崇拜的颜色。

人们已经把白色融合到日常生活中，融合在世俗的现实世界里。比如藏装多配以白色衬衫，搭的帐篷以白色居多，住的房屋门上差不多都有白色的吉祥图案；在迎来送往之时，人们互敬白色的哈达，表达自己良好的祝愿；姑娘出嫁时，骑白色的马表示吉祥如意；饮酒欢乐时，酒壶把上也会挂点白色羊毛；甚至家人去世之时，也用白色糌粑勾画出引导逝者通向极乐世界的路线……

白色的哈达代表了藏民最诚挚的敬意和祝福

关于这神圣的白色，有许多的传说。白色的珠穆朗玛峰被人们称作是一袭白衣的"祥寿神女"，白色的冈底斯山是人们心中的"神山""圣山"，就是不起眼的白色石头也被人们认为是"灵石"，山山水水都被藏族人赋予了丰富多彩的含义。作为全民信教的民族，藏传佛教成为藏族人民生活的重要组成部分，白色更是其离不开的颜色，白色的经幡、白色的佛塔随处可见。深受人们崇拜和喜爱的观音菩萨

远眺雪山

风景如画的墨脱

哲蚌寺

也被人们以白衣打扮。与之相应，黑色则成为邪恶和灾难的象征，人们想象中的恶魔无一不是黑色的。例如藏戏中黑色面具的角色都是代表邪恶的。

五大教派之一的噶举派，是最崇尚白色的教派，被人们习惯上称作"白教"。藏语"噶举"翻译过来就是"口授传承"的意思。公元11、12世纪佛教后弘时期噶举派逐渐发展起来，属于新译密咒派。先后有两位创始人：一是穹布朗觉巴（990—1140年），一是玛巴罗咱瓦（玛巴译师）(1012-1197年)。他们两人曾多次到过尼婆罗和印度等地，拜访

藏传佛教白塔

了很多名师，学习了不少的密法，主要是得到《四大语旨教授》。《语旨》指的是佛语的意旨，由祖师口耳相传，叫做语传，藏名叫噶举。这一派的密法修行，是通过师徒口耳相传继承下来，故称"噶举派"，又因为噶举派僧人穿白色僧衣，所以俗称"白教"。后来香巴在后藏发展成为一个传承系统，称为香巴噶举，玛巴在前藏发展也形成一个传承系统，称为达布噶举。虽然门户不同，但由于他们两人的大法均出自一个来源，又都亲领语旨传授，所以都称噶举巴。

哲蚌寺的屋顶都以红色装饰

噶举派传承复杂，流派众多，但均源于玛尔巴和米拉日巴，藏传佛教的活佛转世系统便始于该派的噶玛噶举，此派在西藏历史上影响巨大，现在仍在藏传佛教中占一席之地。

2. 红色

哲蚌寺是一片白色的寺庙群，不过它的屋顶都由红色进行装饰，据说这种红色的装饰物不是涂料，而是一种特殊的植物。

红色是西藏人热情奔放的象征。有一个名词叫做"高原红"，主要是指高原女子由于高原日照而在脸上形成的红晕。

在信奉藏传佛教的人眼中，最常见的红

红色经常出现在玛尼石上

色除了寺庙屋顶的装饰以外就是僧侣们穿着的红色袈裟。白色的哲蚌寺中，随处可见穿着红袍的僧人和喇嘛，庄重威严。传统的藏族绘画用色口诀理论中称："红与橘红色之王，永恒不变显威严……"红色具有的王者地位被明确地确定下来了。

藏传佛教中出家人的袈裟使用红颜色，源于两千五百多年前的佛教发祥地古印度。信徒们把红颜色（也有红黄两色之说）作为所有颜色中价值最低廉和最不起眼的色彩用为出家人的着装色，以此表示他们的超脱、不求外表的华丽但求精神境界的崇高愿望。于是使用这种俗家人认为最不得体的色彩装束，认为这样可以起到不受外界俗事干扰、专心事佛的作用。

随着时间的发展、历史的变迁、地域的不同及人们视觉习惯的改变，逐渐把红颜色推到了最高尚的地位，红色就成为高僧、出家人和寺庙专有独享的颜色，并逐渐成为体现藏民族风格的典型色彩之一。柽柳枝所提炼出的那种红颜色还经常出现在玛尼石等与宗教有关的场所与器具上。

藏族人民在日常生活之中，也常常运用红色来装点生活。牧区妇女更是对红颜色情有独钟，具体表现为，在脸上涂两块有点嬉戏色彩的正圆大红色来美饰自己，引人注目。她们头上鲜红色的头巾和红色衬衣在广阔草原和农田中成为"万绿丛中一点红"的独特风景，给人以独特绝美的视觉享受。

在西藏传统绘画专用红颜色"朱砂"，是一种色相艳而不躁的优质矿物质颜料，非常适于表现藏传佛教题材的唐卡、壁画作品。西藏佛教后弘时期的绘画作品更是以朱砂红作为基调，从而成为该时期的特有画风之一。传统制作红色袈裟和氆氇的是一种叫藏茜草的木质藤本植物，人们使用其红色汁液染制布料，也有购买印度等地出产的现成颜料来

席地而坐的僧人身披红色袈裟

哲蚌寺的建筑特色

制作袈裟的习惯。就藏传佛教绘画中的方位而言，坛城画中的西方就是用红色来表现的。佛教文化中红颜色又是权势的象征，藏戏中带深红色面具的角色代表着国王，浅红色面具代表臣相。

藏传佛教的一些派别对红色更是情有独钟。

宁玛派："宁玛"在藏语中是古老或旧的意思，说明宁玛派是古派系或者旧的宗派。宁玛派的僧众都习惯戴红色的帽子，故称"红教"。红教的寺庙众多，但是僧众人数较少，势力不大。寺庙主要集中在西藏、四川等地，甘肃的夏河也有红教的

哲蚌寺大殿内悬挂的经幡

哲蚌寺

身穿红色袈裟的小喇嘛

寺庙。僧人有的留长发，他们的红帽有时会用红色的线绳代替，穿着比较随意，要修行的是无上瑜伽。红教在招收僧人方面，没有黄教严格，僧众有半途修行的，也有修行告一段落，回家结婚生子，再来修行的。

萨迦派：萨迦，藏语意为"白土"，建筑在后藏仲曲河谷白色土地上的寺院称为萨迦寺。因寺院围墙涂有象征文殊、观音和金刚手的红、白、黑三色花纹，所以萨迦派又被俗称为"花教"。萨迦派的教主由款氏家

哲蚌寺建筑窗子周围都有一圈黑色装饰

族世代相传。有血统、法流两支传承。萨迦派不禁娶妻，但规定生子后不再接近女人。萨迦派僧人戴红色、莲花状僧冠，穿着红色袈裟。在佛教哲学上，萨迦派特别推重"道果"教授，在教义中最重要的是"道果法"。

3. 黑色

哲蚌寺建筑的窗户周围都有一圈黑色作为装饰，据说主要代表西藏的传统宗教苯教。

藏民族对黑色的偏爱，也是源自于为古老的原始宗教基础上发展形成的苯教信仰。苯教是西藏最古老的原始巫教，据说起源于象雄（今西藏自治区阿里及其以西地带），祖师为兴饶美沃切。相信万物有灵，把宇宙分为神（赞）、人（宁）、魔（勒）三层境界。苯教俗称"黑教"，因苯教徒喜蓄长发、身着黑衣得名。从其教义法则探测，这种尚黑的习俗渊源十分久远，在苯教创世学说中的黑白二元论观念及所象征的深奥哲理中都有体现。其后藏传佛教密宗在藏地盛行，吸收了大量本土原始宗教、苯教的教义内容，与之相适应的各种藏传佛教艺术形式便应运而生。黑色本身具有暴烈、威严、黑暗、神秘等视觉审美特质和色彩象征内涵。

（四）寺庙的装饰

1. 金顶

哲蚌寺大殿金顶的金轮

哲蚌寺的建筑特色

金顶在阳光的照射下熠熠生辉

金顶是哲蚌寺主要殿堂的标志，它采取梁架式结构，檐四周饰有斗拱，内部立柱支承长额，其上构成梁架，用横梁柱托檩，构成金顶的坡度。哲蚌寺在建筑外部又采用金顶、法轮、宝幢、八宝等佛教题材加以装饰，增强了佛教的庄严气氛，使建筑整体上显得更加宏伟壮观。

2. 房屋

藏族民居的门窗多为长方形，很少有特别大的窗户，窗上设小窗户为可开启部分，这种方法能适应藏族地区高寒的气候特点，并且在大风的季节可以防风沙。藏族人民有以黑色为尊贵的习俗，所以门窗靠外墙处都涂成梯形的黑框，突出墙面。考究的住宅和寺院常在土上掺加黑烟、清油和酥油等磨光，使门窗框增加光泽。门窗上端檐口，有多层小椽逐层挑出，承托小檐口，上为石板或阿嘎土面层，有防水及保护墙面、遮阳的作用，也有很好的装饰效果，在西藏的城市住宅和寺院大门经常成为装饰重点，门框刻有细致的三角形几何图案或卷草、彩画等。

哲蚌寺窗子比较小，边缘涂上黑框以突出墙面

梁柱是藏式建筑中室内装饰的重要部位。柱为木柱，一般无柱础，呈正方形、圆形、八角形以及"亚"字形。寺院和居民中经堂的柱头、柱身常装饰着各种花饰雕镂或彩画，主要图案有覆莲、仰莲、卷草、云纹、火焰及宝轮等等，富有浓厚的宗教色彩。梁上常施彩画，梁头、雀替则

哲蚌寺廊道壁画

多用高肉木雕或镂空木雕花饰，涂重彩、色彩艳丽、浑厚，与室内木柱等连成整体，有一定的艺术效果。

3. 壁画

　　凡壁画工笔重彩，描绘精致，极富有装饰效果的"热贡艺术"风格和浓厚的印、藏风格。塔尔寺壁画的色彩丰富、明亮、对比强烈而又协调，冷、暖色交替使用，层次分明。以冷、暖色来表现人物的性格是壁画的特点之一，安详和善者用暖色调，性格凶猛的用冷色调，这样可使画面动静相宜，生动而又平稳。塔尔寺始建于明万历年间，至今有四百多年的历史了。这些

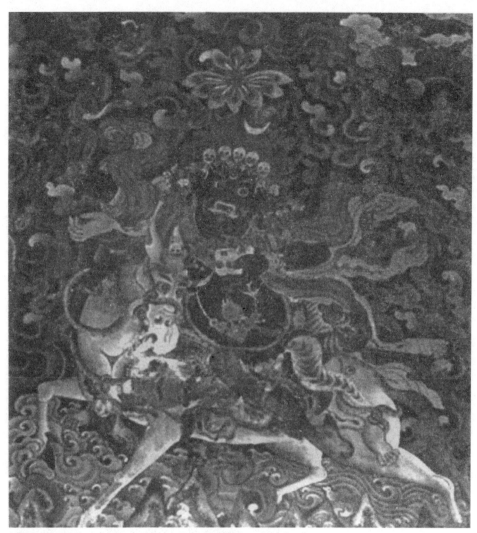

班丹拉姆哲蚌寺壁画

精美的壁画，便是当时传下来的作品，以后
每隔一定的时间便刷新添色，现在人们看到
的壁画，犹如刚刚画的一样，清晰醒目、色
彩鲜艳。塔尔寺院内大多数壁画是宗教画，
画面的主题充满着宗教意识，反映着宿命论
的观点。描写的多是佛教经典故事和寓言故

哲蚌寺一景

事。从人物表情里，也可以看出其善恶、凶暴、欢乐、忧愁、愤怒、怜惜的性格特征。再加上那些山水、花草、禽兽等多种形色的壁画，便烘托出一幅奇妙的"仙境"。例如大经堂正面和南侧墙上，便是巨大连幅的佛教神话和寓言故事。一幅描写面恶心善的武神用法宝（像琵琶之类的东西）、枪剑与恶魔搏斗，无情地惩罚着"恶人"。

哲蚌寺

118

那"恶人"在画家笔下，个个五官歪斜、面目狰狞、贪婪残暴，一看便使人厌恶、僧恨。另一幅是描述一个"凡人"徘徊于十字路口：一条路贪财好色，图一时富贵荣华享受的下了"地狱"，被魔鬼生吞活剥，割头抽肠；另一条是虔诚修行，脱胎成佛，获得"正果"的道路，其中两者必选一，那"凡人"毅然走了后一条道路。这幅壁画故事的寓意，无疑是教人要弃恶从善，弘扬佛法。

这些壁画构思巧妙，色调和谐，层次分明，千姿百态，栩栩如生。有的笔锋细得像针尖，在手指般大的布上，绘着一个完整的佛像，服装虽然繁杂，但却十分鲜明。即是

哲蚌寺收藏了数以万计的文物古籍

雕刻在深绿色琉璃砖墙上的一束束花草，那红、黄、蓝、绿色，多像寺院附近野生的马蓝草、馒头花那样富有生机。

哲蚌寺作为一个历史悠久、地位崇高的寺庙，收藏有数以万计的文物古籍。各殿所供不同时期的许多塑像均神态生动、结构严谨，代表了西藏雕塑工艺的极高水平，各殿的壁画色彩艳丽，线条有力。此外寺内还珍藏有佛教经典《甘珠尔》和佛经注疏《甘珠尔》各一百多部，以及宗喀巴三师徒著述的几百部佛教经典手抄本。这些都是藏族人民勤劳智慧的结晶，对于研究西藏的历史、宗教、艺术，具有十分重要的价值。

哲蚌寺